AF247859

NAPOLÉON BONAPARTE

ENVISAGÉ

COMME VAINQUEUR DES NATIONS,

RESTAURATEUR DES LOIS,

PROTECTEUR DES LETTRES ET FONDATEUR DES EMPIRES;

PAR M. DE LOWS....

Dans le chaos de tant d'opinions et sous les
ruines de tout un empire, combien il
était difficile de retrouver le principe con-
servateur qui l'anima pendant quatorze
siècles !

M. DE FONTANES
Extr. de la collect de ses discours.

A PARIS,

Quai Saint-Michel, maison des cinq Arcades.

1821.

NAPOLÉON BONAPARTE

ENVISAGÉ

COMME VAINQUEUR DES NATIONS,

RESTAURATEUR DES LOIS,

PROTECTEUR DES LETTRES ET FONDATEUR DES EMPIRES.

NAPOLÉON BONAPARTE

ENVISAGÉ

COMME VAINQUEUR DES NATIONS,

RESTAURATEUR DES LOIS,

PROTECTEUR DES LETTRES ET FONDATEUR DES EMPIRES;

PAR M. DE LOWS....

> Dans le chaos de tant d'opinions et sous les
> ruines de tout un empire, combien il
> était difficile de retrouver le principe con-
> servateur qui l'anima pendant quatorze
> siècles !
>
> M. DE FONTANES.
> *Extr. de la collect. de ses discours.*

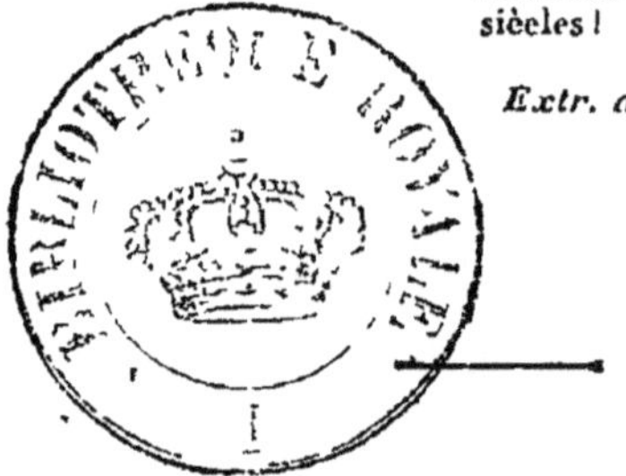

A PARIS,

Quai Saint-Michel, maison des cinq Arcades.

1821.

AVERTISSEMENT.

Cet écrit pourrait être opposé aux pamphlets déclamatoires que l'on imprime chaque jour sur Bonaparte. Il s'adresse à la partie saine de l'opinion publique, et quoique une admiration vive y soit empreinte, on n'y a rien dissimulé des fautes de cet homme extraordinaire. Sans doute cet écrit n'est point un acte d'accusation contre de grands souvenirs : on y est vrai ; on y loue donc beaucoup! En rassem-

blant les traits épars qui composent
la vie de Bonaparte, ne croit-on pas
retrouver (et l'auteur emprunte ici
une belle expression déjà célèbre) une
vie perdue de ces grands hommes dont
Plutarque a si bien tracé le tableau ?

NAPOLÉON BONAPARTE

ENVISAGÉ

COMME VAINQUEUR DES NATIONS,

RESTAURATEUR DES LOIS,

PROTECTEUR DES LETTRES ET FONDATEUR DES EMPIRES.

Un homme sorti d'un rang obscur et porté par tous les prodiges de la fortune et du génie au gouvernement des états ; qui avait rétabli la religion et l'ordre social ébranlés en Europe, qui avait fondé des empires, vient d'expirer dans les fers, aux confins de cette Europe que ses armes et ses lois avaient un moment régénérée.

A. l'exemple d'hommes supérieurs qui changèrent la face du monde, qui fondèrent des états et renversèrent des trônes, son génie parut au sortir de l'enfance, et fut attesté par ces prodiges de force et de grandeur qui entraînent la foule. Jeune encore, on le vit déployer, avec tous les talens de la guerre, cette sagesse du législateur et cette fermeté de desseins, si essentielles à l'homme qui devait raffermir les bases d'une société en décadence, également fatiguée par ses vices, sa civilisation et ses réformes. Du fond de l'Orient où sa marche rapide répandait je ne sais quelle gloire nouvelle et quel bruit lointain de tous les prodiges, il revient aux cris de la France menacée. Son arrivée fait taire les alarmes ; il renverse un pouvoir sans force et méprisé ; il rétablit l'ordre, promet le règne des lois, et reprend l'épée contre un ennemi qu'il avait vaincu tant de fois. Son audace accoutumée lui fait franchir des cîmes long temps inaccessibles. Il a montré de nouveau ses soldats dans ces plaines de l'Italie, témoins de ses premiers triomphes. Mais Marengo vient fermer sa marche victorieuse; une trève est signée au milieu des débris et des dépouilles de la conquête; la France atteint au comble des grandeurs..... Ici, sans doute, il se saisit d'un sceptre qu'il aurait dû replacer sur la tête d'un prince auguste, digne héritier de ses ancêtres, qui honorait l'exil par toutes les vertus du malheur; mais, s'il faut s'élever contre l'usurpation, ne doit-on pas dire aussi que Bonaparte agrandit l'usurpation, qu'il la couvrit de sa gloire! Il avait r'ouvert, avec les temples, les frontières de la patrie, et les défenseurs persécutés de toutes les causes étaient rentrés dans le pays natal.... Les institutions utiles reparurent: des écoles, des académies s'élevèrent à sa voix; la société renaquit plus puissante; alors une ère glorieuse commença pour la France et la civilisation; et un code, tracé pour trente millions d'hommes, vint embrasser des droits communs dans un même lien. Je m'arrête.... quelles splendeurs ne brillent pas sur cette France régénérée du sein de ses malheurs! une vie secrète paraît ranimer ces vénérables débris du corps social déclinant que

l'on raffermit sur des institutions naissantes,
et voilà ce qu'a produit un grand homme
apparaissant dans la tempête qu'il conjure,
qu'il dissipe, et comment quelques idées
salutaires dans une de ces têtes où se change
le sort des empires, peuvent rasseoir tout-à-
coup la société ébranlée jusque dans ses fon-
demens. Le Nord, impatient de franchir les
limites où le restreint l'ordre politique de
l'Europe, vomit-il des essaims de barbares
vers le Midi en alarmes, qu'aussitôt le législateur, soutenu de cet esprit belliqueux et
enthousiaste que ses lois viennent d'intro-
duire dans la nation et dans l'armée, part,
combat et disperse dans les camps d'Aus-
terlitz ces colonnes immenses de Huns, de
Sarmates, de Tartares, qui venaient disputer
de nouveau l'empire du vieux monde. Bien
d'autres trophées signalent encore sa marche
pendant ce rapide règne ; mais il faut s'ar-
'rêter : ici les faits sont présens aux esprits
et parlent eux-mêmes, chacun peut ter-
miner cette ébauche. Si vers le déclin de
l'empire les succès militaires de Bonaparte
n'ont point maintenu l'indépendance de nos

provinces, n'accusons personne : ils n'ont point eu moins d'éclat que les précédens, ni moins exigé de génie et de ces inspirations soudaines qui sont envoyées sur les champs de bataille aux grands capitaines.

Le caractère de Bonaparte alliait tous les contrastes de haute intelligence, de force et de modération. Son imagination, si singulièrement active, quoique toute remplie de la gloire aventureuse des armes, portait une extrême maturité de raison au milieu de toutes les créations d'une législation renouvelée, il était digne d'admiration, ce spectacle d'un jeune homme nourri dans les camps, ralliant après la victoire les guides de la société, consolidant le principe de l'égalité devant la loi, et les libertés populaire par la puissance et la dignité du trône; présidant, la veille d'une bataille; à la discussion calme des lois; magnanime envers les grandeurs abattues que sa main a quelquefois relevées; plein de munificence comme chef de tant d'états; économe comme prince. On a vu celui dont l'épée conquit plus de richesses et de diadêmes que n'en réunit Charlemagne lui-même, vivre dans ses palais avec la simplicité d'un particulier. Caractère admirable, et qui mérita, sans doute, d'attacher tous les regards. Sa fortune prodigieuse tient uniquement à son génie. Aussi quand Bonaparte parut sur la scène du monde, les sages le regardèrent comme un esprit privilégié. Empruntons pour le peindre ces admirables paroles de Montesquieu sur Alexandre : « Il se servit » bien de la discipline contre le nombre ; » et s'il est vrai que la victoire lui donna » tout, il fit tout pour se procurer la vic- » toire.... » Quand la fortune le mit au- » dessus des événemens, la témérité fut » quelquefois un de ses moyens.... Les mar- » ches d'Alexandre sont si rapides, que vous » croyez voir l'empire de l'univers plutôt » le prix de la course , comme dans les jeux » de la Grèce, que le prix de la victoire.

» C'est ainsi qu'il fit ses conquêtes ; voyons comment il les conserva.

» Il résista à ceux qui voulaient qu'il traitât les Grecs comme maîtres et les Perses comme esclaves ; il ne songea qu'à réunir les deux nations, et à faire perdre les distinctions du peuple conquérant et du peuple vaincu....

» Il ne laissa pas seulement aux peuples vaincus leurs mœurs, il leur laissa encore leurs lois civiles, et souvent même les rois et les gouverneurs qu'il avait trouvés.... Il voulut tout conquérir pour tout conserver : et quelque pays qu'il parcourût, ses premières idées, ses premiers desseins furent toujours de faire quelque chose qui pût en augmenter la prospérité et la puissance. Il en trouva les premiers moyens dans la grandeur de son génie; les seconds, dans sa frugalité et son économie particulière; les troisièmes, dans son immense prodigalité pour les grandes choses. Sa main se fermait pour les dépenses privées, elle s'ouvrait pour les dépenses publiques. Fallait-il régler sa maison, c'était un Macédonien ; fallait-il payer les dettes des soldats, faire part de sa conquête aux Grecs, faire la fortune de chaque homme de son armée, il était Alexandre.

» Il fit deux mauvaises actions ; il brûla Persépolis et tua Clitus..... (1) »

Disons encore avec Montesquieu, le plus admirable des écrivains politiques, et le plus beau génie qui ait honoré la France et l'humanité : « Il fit d'admirables réglemens ; il fit plus, il les fit exécuter..... Il parcourait sans cesse son vaste empire, portant la main partout où il allait tomber ; les affaires renaissaient de toutes parts ; il les finissait de toutes parts ; il respecta les traditions anciennes et tous les monumens de la gloire ou de la vanité des peuples... »

Plutarque, dans un de ses traités philosophiques, examine si la fortune ou la vertu firent l'élévation d'Alexandre, et voici, à peu-près, comme il raisonne et décide la question (2) :

« J'aperçois, dit-il, un jeune homme qui exécute les plus grandes choses par un instinct irrésistible, et toutefois avec une raison

______

(1) Bonaparte commanda le meurtre de notre infortuné duc d'Enghien.

(2) Plutarque, œuvres morales.

suivie. Il a soumis, à l'âge de trente ans, les peuples les plus belliqueux de l'Europe et de l'Asie : ses lois le firent aimer de ceux qu'ont subjugués ses armes. Je conclus qu'un bonheur aussi constant n'est point l'effet de cette puissance aveugle et capricieuse que l'on appelle la fortune. Alexandre dut ses succès à son génie et à la faveur signalée des dieux; et si vous voulez, ajoute encore Plutarque, que la fortune ait seule accumulé tant de gloire sur la tête d'un homme, alors je dirai comme le poète Alcman, que la fortune est fille de la providence.

M. de Fontanes a écrit quelque part : « On entendait naguère la chute de nos autels; on peut assister maintenant à leurs solennités renouvelées. La religion, dont la majesté s'est accrue par ses souffrances, revient d'un long exil dans ses sanctuaires déserts, au milieu de la victoire et de la paix dont elle affermit l'ouvrage. Toutes les consolations l'accompagnent, les haines et les douleurs s'appaisent à sa présence. Les vœux qu'elle formait depuis 1200 ans pour la prospérité de cet empire seront encore entendus, et son autorité confirmera les nouvelles grandeurs de la France, au nom du Dieu qui chez toutes les nations est le premier auteur de tout pouvoir, le plus sûr appui de la morale, et par conséquent le seul gage de la félicité publique.

» Parmi tant de spectacles extraordinaires qui ont depuis quelques années, épuisé la surprise et l'admiration, il n'en est point de plus grand que ce dernier. La tâche d'un vainqueur était achevée, on attendait encore l'œuvre du législateur. Tous les yeux étaient éblouis, tous les cœurs n'étaient pas rassurés ; mais grâce à la pacification des troubles religieux qui va ramener la confiance universelle, le législateur et le vainqueur brillent aujourd'hui du même éclat.

» Ainsi donc l'historien Raynal avait grand tort de s'écrier, il y a moins de trente ans, d'un ton si prophétique : *il est passé le temps de la fondation, de la destruction et du renouvellement des Empires ! il ne se trouvera plus l'homme devant qui la terre se taisait ! on combat aujourd'hui avec la foudre pour la prise de quelques villes ; on*

*combattait autrefois avec l'épée pour dé-
truire et fonder des royaumes. L'histoire
des peuples modernes est sèche et petite,
sans que les peuples soient plus heureux.*

» Avant la fin de ce siècle il a pourtant
paru cet homme dont la force sait détruire,
et dont la sagesse sait fonder !..... On ne
devrait point s'étonner que des imaginations
fortement religieuses crussent de semblables
desseins dirigés par des conseils supérieurs
à ceux des hommes..... »

Nulle part les traits de cette grande phy-
sionomie des temps modernes ne me pa-
raissent rassemblés avec plus de vérité,
d'éloquence et de beaux détails, que dans
l'admirable morceau que je viens de rap-
porter.

De graves reproches se sont élevés contre
l'esprit du gouvernement de Bonaparte, et
ces reproches sont sortis surtout du milieu
de ces hommes superficiels et vains, qui prê-
chent le mépris de tout ce qui est ancien ;
quelques esprits théoriques ou chagrins l'ac-
cusent d'avoir détruit cette orageuse liberté
des républiques si peu compatible avec la

vraie dignité sociale, et qui, par la confusion des rangs, dénaturerait toutes les supériorités ; mais l'expérience a justifié ce système plein de force et de grandeur, que Bonaparte a comme introduit sous les ruines de l'ancienne monarchie, et qui l'a relevée plus puissante que jamais. Cet esprit si vaste et si éclairé avait bien compris que quand le corps social tombe en décadence, c'est toujours à cause d'une sorte d'immutabilité, et dans l'absence de réformes conservatrices de sa vieillesse. Dans les institutions qui s'écroulent sous l'effort du temps, il existe un principe de vie qui est d'accord avec les mœurs et le caractère national, et que la sagesse du législateur doit préserver de la destruction universelle. Recueilli avec soin, ce principe peut animer le nouveau système et lui assurer l'empire des siècles. Bonaparte qui avait embrassé de saines idées en législation, fut constamment préoccupé de cette pensée ; il rétablit donc peu-à-peu, et en les modifiant, les institutions utiles de l'ordre ancien. Commandant à des générations fatiguées, qui étaient revenues à

la paix par la lassitude et l'anarchie, il les
remit sous l'empire des plus nobles passions
du cœur humain : il retrempa toutes les âmes
par la gloire des conquêtes, des lettres, des
arts et des sciences. Il ralluma le flambeau
éteint des bonnes études, et renoua dans
l'éducation cette chaîne de traditions et de
beaux souvenirs littéraires, qui ne s'inter-
rompt que dans les temps de troubles, au moment où l'esprit d'innovation veut tenter un
mieux qui n'est pas dans la nature des choses.
L'unité d'un pouvoir immense lui permit
de porter une main puissante et sûre dans
toutes ses entreprises. L'administration qu'il
recréa sur le vaste plan de ses conquêtes,
présenta un aspect régulier et permanent :
l'ordre fit refleurir les finances en même
temps que la victoire accrut le fisc : le règne
de Bonaparte fut donc essentiellement une
époque de splendeur pour la France : sa re-
nommée remplit un moment tout l'univers,
et comme l'a dit, avec une expression si
poétique et si originale, le plus éloquent de
nos écrivains, M. de Châteaubriand, son
nom fit le tour du monde et revint aux

Arabes par la mer Rouge, comme il leur était venu par la mer d'Egypte.

Cependant ce règne fut terni par un grand crime et de grandes fautes; des actes impolitiques, des abus de pouvoir doivent être sévèrement reprochés à Bonaparte. Les guerres qui ont élevé la gloire de la France, ont amené ses jours d'abaissement et de deuil.

Ce serait, aussi, une justice vulgaire et fausse, que celle qui pourrait commander l'oubli d'un crime atroce en compensation de tant d'actions grandes et utiles; il faut, au contraire, que l'historien indigné flétrisse ce crime, et l'inscrive en traits ineffaçables pour l'instruction des Princes que pourrait encore égarer l'ambition. Et qu'on n'allègue point ici je ne sais *quel intérêt d'état*; car l'intérêt d'un farouche ambitieux ne saurait prescrire contre d'augustes infortunes et les plus saintes lois de l'humanité. C'est toi que j'en atteste, ô jeune d'Enghien, ô magnanime et vaillant Prince, que les hasards de la guerre avaient épargné au milieu de tous les dangers et de

tous les triomphes! Ton noble cœur rêvait
donc la conquête de cette France où tes ancêtres avaient si glorieusement régné... Mais
tout-à-coup une trame enveloppe tes jours,
tu succombes.... O combien ton sort a fait
verser de larmes!..... dors en paix, ombre
aimable et illustre..... tu es vengée...... le
despote qui trancha tes jeunes années expie
déjà son crime dans l'histoire..... Je ne sais
quelle voix formidable semble dire sur ta
tombe encore entr'ouverte : Homme inexo-
rable, homme égaré, tu as donc aussi ré-
pandu ce pur sang de nos Rois !

Je t'évoque aussi, jeune et infortuné
Châteaubriand, nom cher aux lettres et à la
monarchie! Je ne rechercherai pas ce que
le malheur des temps, ou plutôt la nou-
veauté des circonstances, commandait contre
toi, lorsque, quittant les côtes de l'An-
gleterre, tu vins arborer sur nos rivages
ces couleurs aujourd'hui chères à toute
la France; mais ta jeunesse, ton courage
même, ton entreprise pleine d'enthousiasme
et de nobles illusions, auraient dû tou-
cher cette âme si vivement éprise de je

ne sais quelle gloire aventureuse qui naît au
milieu de tous les périls, et l'intéresser à
ton sort..... Je te plains, et maudis cet exé-
crable jugement....

FIN.

Imprimerie de P. GUEFFIER, rue Guénégaud, n° 31.